Johanna Roessler

DER FÜLLER-FÜHRERSCHEIN

Vereinfachte Ausgangsschrift

Persen Verlag GmbH

Die Autorin: Johanna Roessler – studierte Grundschullehramt, erwarb das Montessori-Diplom, unterrichtet in Freiburg an einer staatlichen Grundschule mit Montessori-Profil.

Gedruckt auf umweltbewusst gefertigtem, chlorfrei gebleichtem und alterungsbeständigem Papier

6. Auflage 2010
Nach den seit 2006 amtlich gültigen Regelungen der Rechtschreibung

© Persen Verlag GmbH, Buxtehude
Alle Rechte vorbehalten.

Das Werk und seine Teile sind urheberrechtlich geschützt. Jede Nutzung in anderen als den gesetzlich zugelassenen Fällen bedarf der vorherigen schriftlichen Einwilligung des Verlages.
Hinweis zu § 52 a UrhG: Weder das Werk noch seine Teile dürfen ohne eine solche Einwilligung eingescannt und in ein Netzwerk eingestellt werden. Dies gilt auch für Intranets von Schulen und sonstigen Bildungseinrichtungen.

Illustrationen: Fides Friedeberg
Satz: media.design, Neumünster

ISBN 978-3-8344-**3655**-9

www.persen.de

INHALT

Einleitung

Kopiervorlagen
Deckblätter

Schritt 1: Filzstift

1. Fahre diese Linie mit dem Filzstift nach!
2. Fahre diese Linie mit dem Filzstift nach!
3. Fahre diese Zeichen mit dem Filzstift nach und male genauso weiter!
4. Fahre diese Zeichen mit dem Filzstift nach und male genauso weiter!
5. Schreibe mit dem Filzstift nach! Schreibe in die Zeile darunter genauso!

Schritt 2: Tintenschreiber

6. Fahre diese Linie mit dem Tintenschreiber nach!
7. Fahre diese Linie mit dem Tintenschreiber nach!
8. Fahre die Zeichen mit dem Tintenschreiber nach und male genauso weiter!
9. Fahre die Zeichen mit dem Tintenschreiber nach und male genauso weiter!
10. Schreibe mit Tintenschreiber nach! Schreibe in die Zeile darunter genauso!

Schritt 3: Zeichnen mit unterschiedlichen Stiften

11. Zeichne den Löwen mit dem Bleistift nach!
12. Zeichne den Drachen mit dem Kugelschreiber nach!
13. Zeichne das Bild mit Tintenschreiber nach!

Schritt 4: Schreiben mit unterschiedlichen Stiften

14.–17. Schreibe diesen Text mit Tintenschreiber in die Zeilen
18. Schreibe mit Bleistift deinen Namen so oft in eine Zeile, bis sie voll ist! Schaffst du auch die kleinste Zeile?
19. Schreibe mit Kugelschreiber andere Namen so oft in die Zeilen, bis sie voll sind!

Schritt 5: Generalprobe mit dem Füller

20.–21. Jetzt kommt die Generalprobe. Auf den beiden nächsten Seiten kannst du den Füller ausprobieren.
22. Bevor deine Prüfung beginnt, kannst du auf dieser Seite mit deinem Füller schreiben, zeichnen und ausprobieren, was du möchtest.

Schritt 6: Führerscheinprüfung

23. Benutze den Füller! Zeichne das Bild nach und schreibe den Text ab.
24. Schreibe die Zeile mit der Buchstabenschlange voll! Schreibe den Text so oft ab, bis alle Zeilen voll sind! Achtung! Sie werden kleiner.
25. Führerschein-Formular (Außenseite)
26. Führerschein-Formular (Innenseite)

EINLEITUNG

„Wann dürfen wir mit Füller schreiben?"

Diese Frage wurde mir oft gestellt und ich fand es gar nicht immer leicht, sie zu beantworten:
- Wenn die Kinder in die zweite Klasse kommen?
- Wenn der Schreibschriftlehrgang beendet ist?
- Wenn die „Stabilos" beim Malen nicht mehr in die Knie gehen?

Ich wollte einen individuellen und doch verbindlichen Zeitpunkt festlegen können, ab wann der Füller benutzt werden kann. Gleichzeitig sollte das Schreiben mit dem Füller vorbereitet werden. So entstand der „Füller-Führerschein", der von den Kindern mit großer Begeisterung aufgenommen wurde.

Ich selbst habe ihn ohne zeitliche Festlegung in der Freiarbeit eingesetzt, er kann aber genauso gut mit allen gemeinsam bearbeitet werden. Es bietet sich an, aus den Kopiervorlagen ein Heft im DIN-A5-Querformat herzustellen, das am Rand geklammert wird. Die Ausgabe in Form von einzelnen Arbeitsblättern ist ebenso möglich.

Dabei geht es nicht um einen weiteren Schreiblehrgang, der Buchstaben und Buchstabenverbindungen trainieren soll, sondern darum, die richtige Balance zwischen Druck und Zug beim Schreiben zu finden und zu üben sowie Schreibbewegungen flüssig und unverkrampft ausführen zu können.

Ein Teil der Motivation des Füller-Führerscheins liegt im Ziel, denn am Ende erhalten die Kinder ein „Dokument" (mit Passfoto), das sie berechtigt, den Füller zu benutzen. Dabei ist es möglich, einen Teil der Übungen zu wiederholen, bis sich der gewünschte Trainingserfolg einstellt.

Eine weitere hohe Motivation entsteht durch die verschiedenen Schreibgeräte. Der Kugelschreiber ist ja normalerweise ein Tabu in der Grundschule, was seine Verwendung für die Kinder deshalb ganz besonders reizvoll macht. Auch der Tintenschreiber (damit ist ein Stift mit fester Plastikspitze gemeint, der mit „Tinte" schreibt, wie z. B. der „Inki") bringt einen dem Füllerschreibgefühl schon näher.

Durch den Gebrauch der verschiedenen Stifte lernen die Kinder, sich in Druck und Zug dem jeweiligen Schreibgerät anzupassen. Sie verfeinern dadurch die Wahrnehmung beim Schreibvorgang und trainieren die Feinmotorik.

Bei den Übungen finden sich sowohl Buchstaben und Buchstaben-Verbindungen als auch viele Zeichen und Symbole. Diese wurden ganz bewusst eingesetzt, denn zum Teil haben die Kinder erst Druckschrift und dann Schreibschrift gelernt, sodass in diesem Bereich eine gewisse Sättigung erreicht ist.

Die Symbole und Sonderzeichen haben einen hohen Aufforderungscharakter, sie schulen die differenzierte Wahrnehmung und die Auge-Hand-Koordination. Gleichzeitig kann die Schreibrichtung bzw. der Schreibverlauf den Kindern überlassen werden, da hier nicht auf eine verbindliche Norm geachtet werden muss.

Viele Kinder hatten den Führerschein bis ins vierte Schuljahr im Mäppchen. Auf die Frage: „Wann darf ich mit Füller schreiben", lautet die Antwort:

„Sobald du deinen Füller-Führerschein gemacht hast."

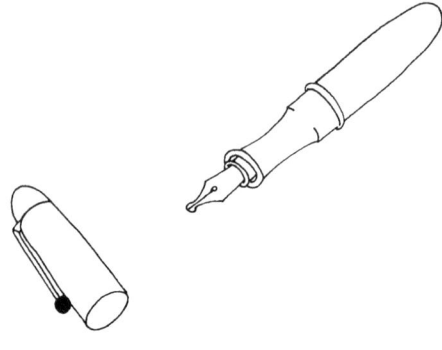

Der Füller-Führerschein

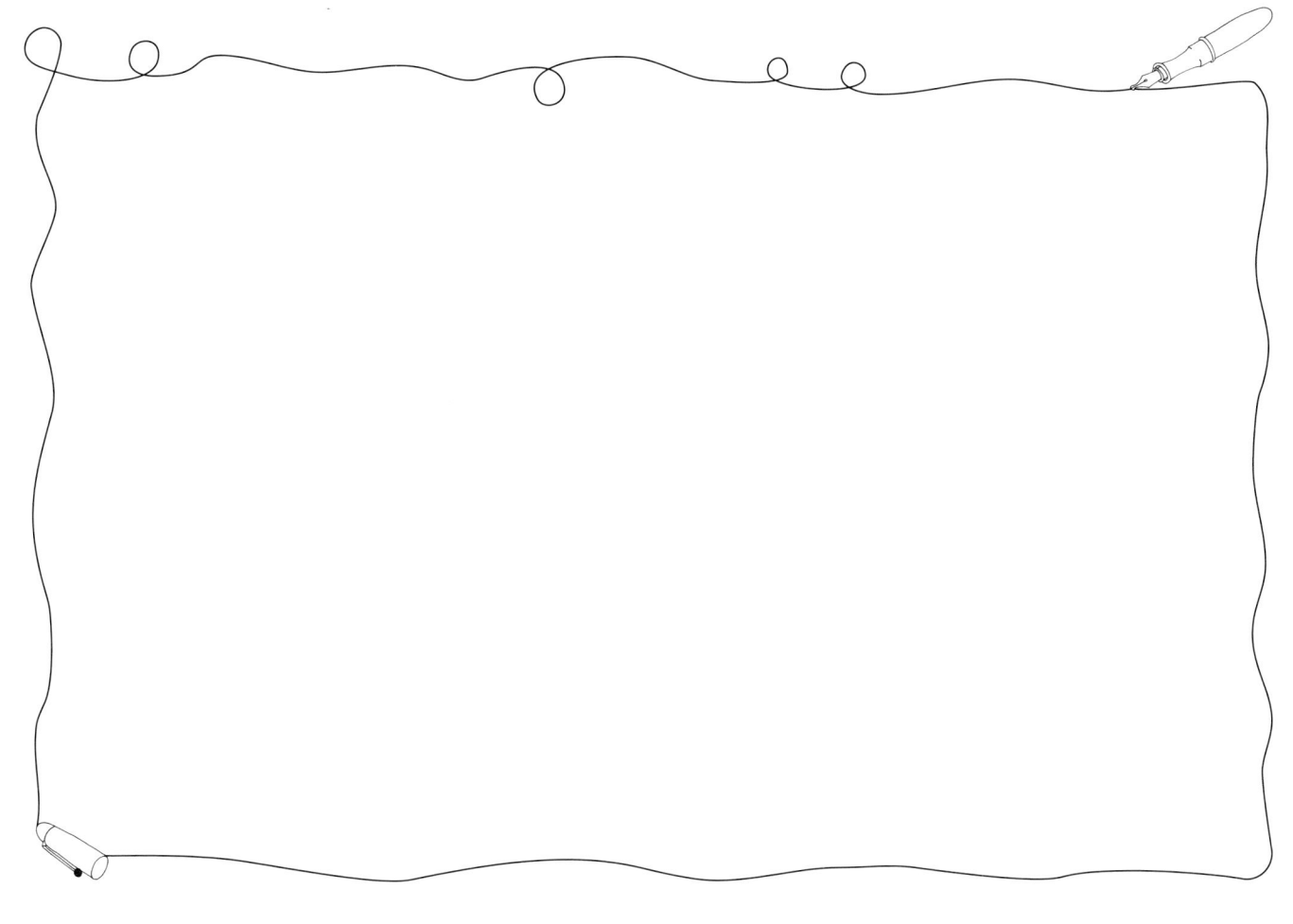

Fahre diese Linie mit einem Filzstift nach!

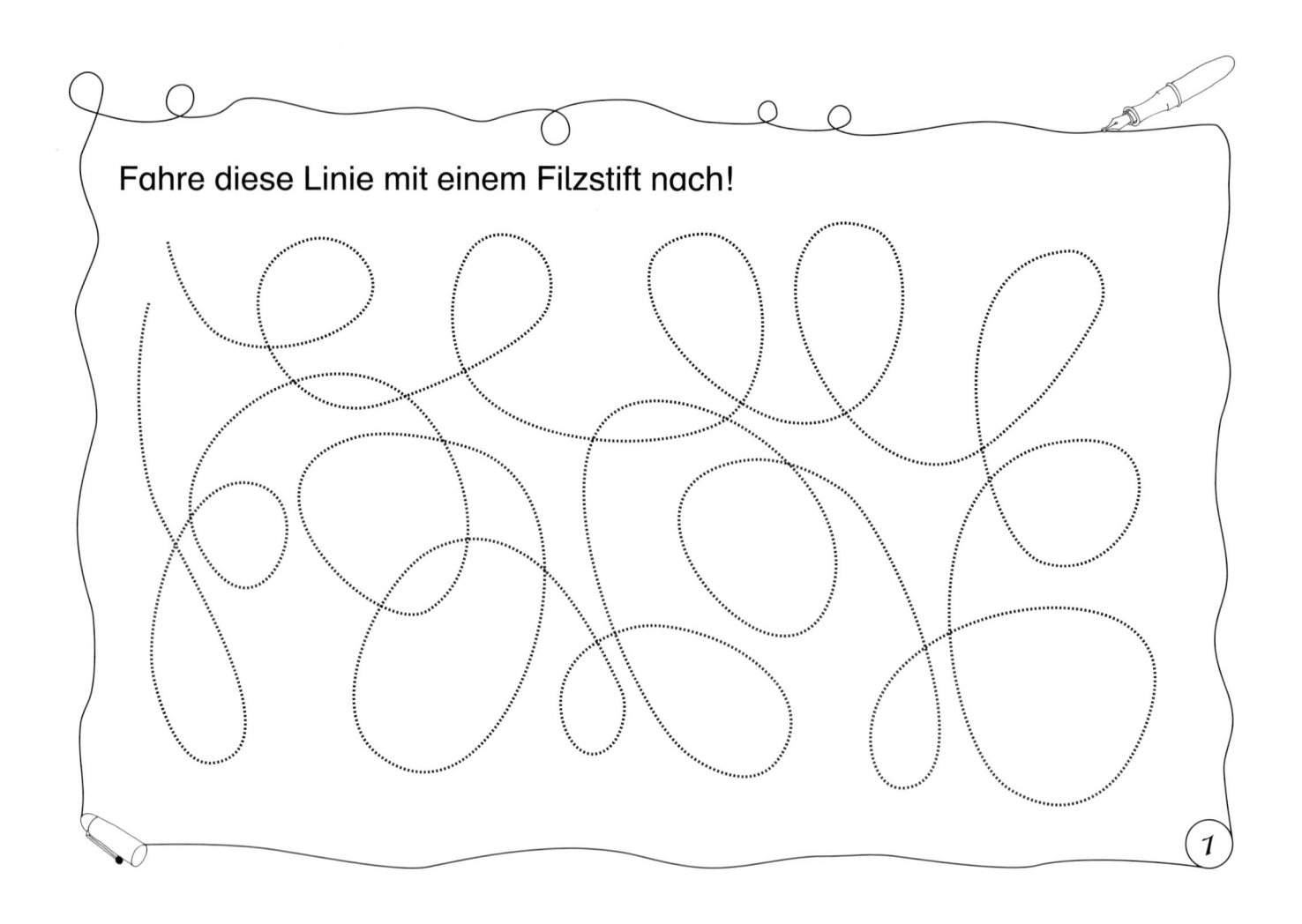

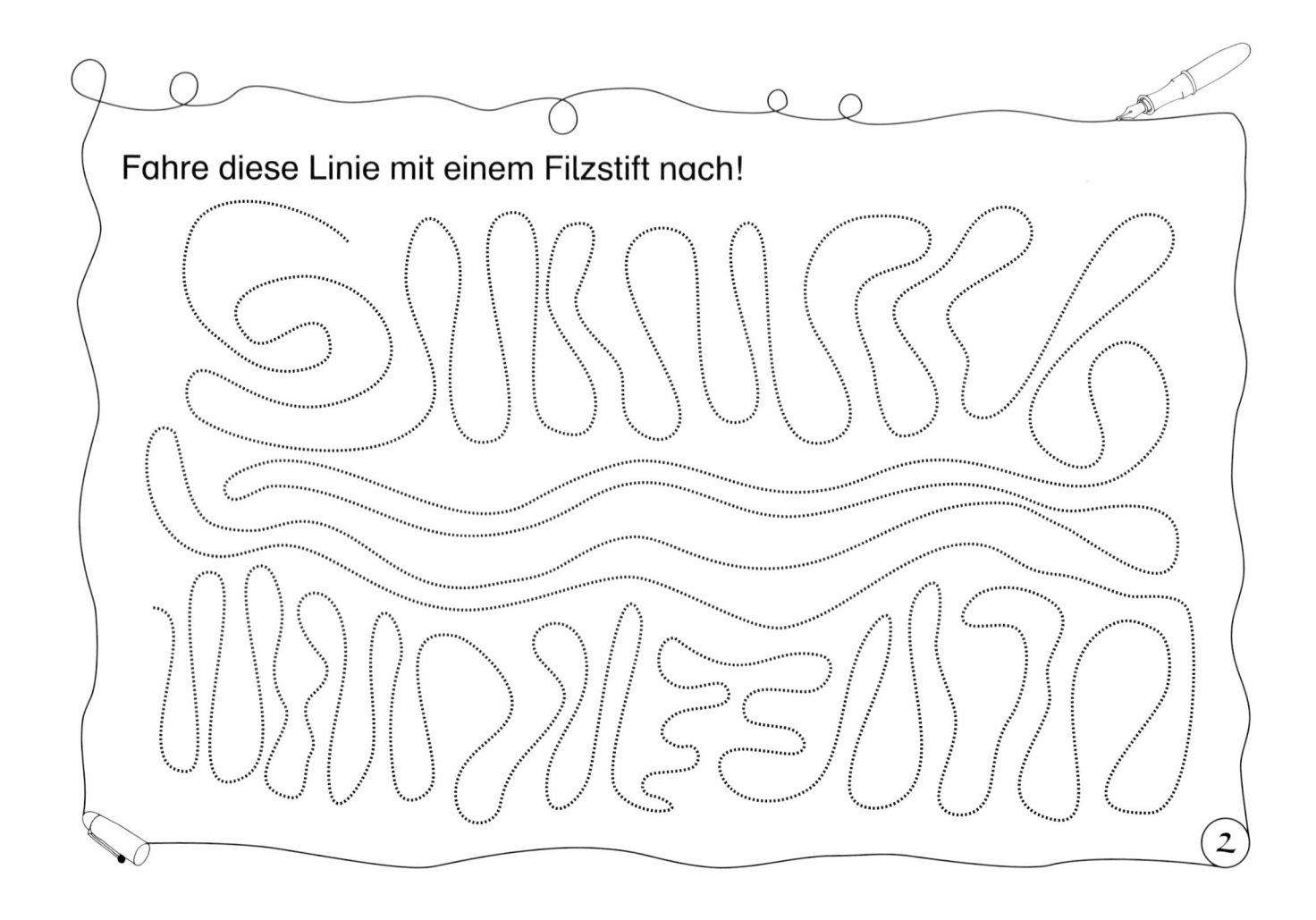

Fahre diese Linie mit einem Filzstift nach!

Fahre die Zeichen mit Filzstift nach und male genauso weiter!

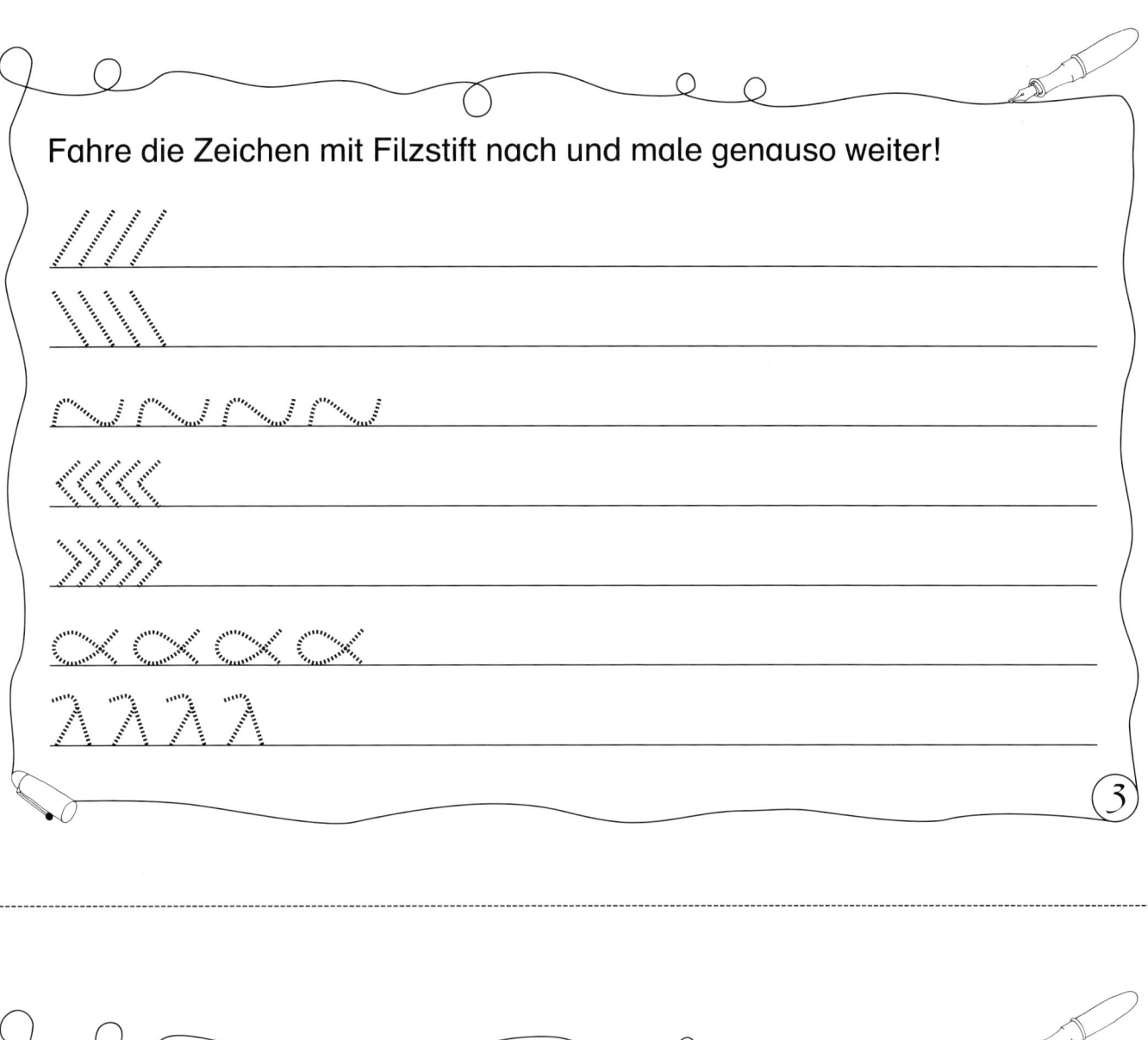

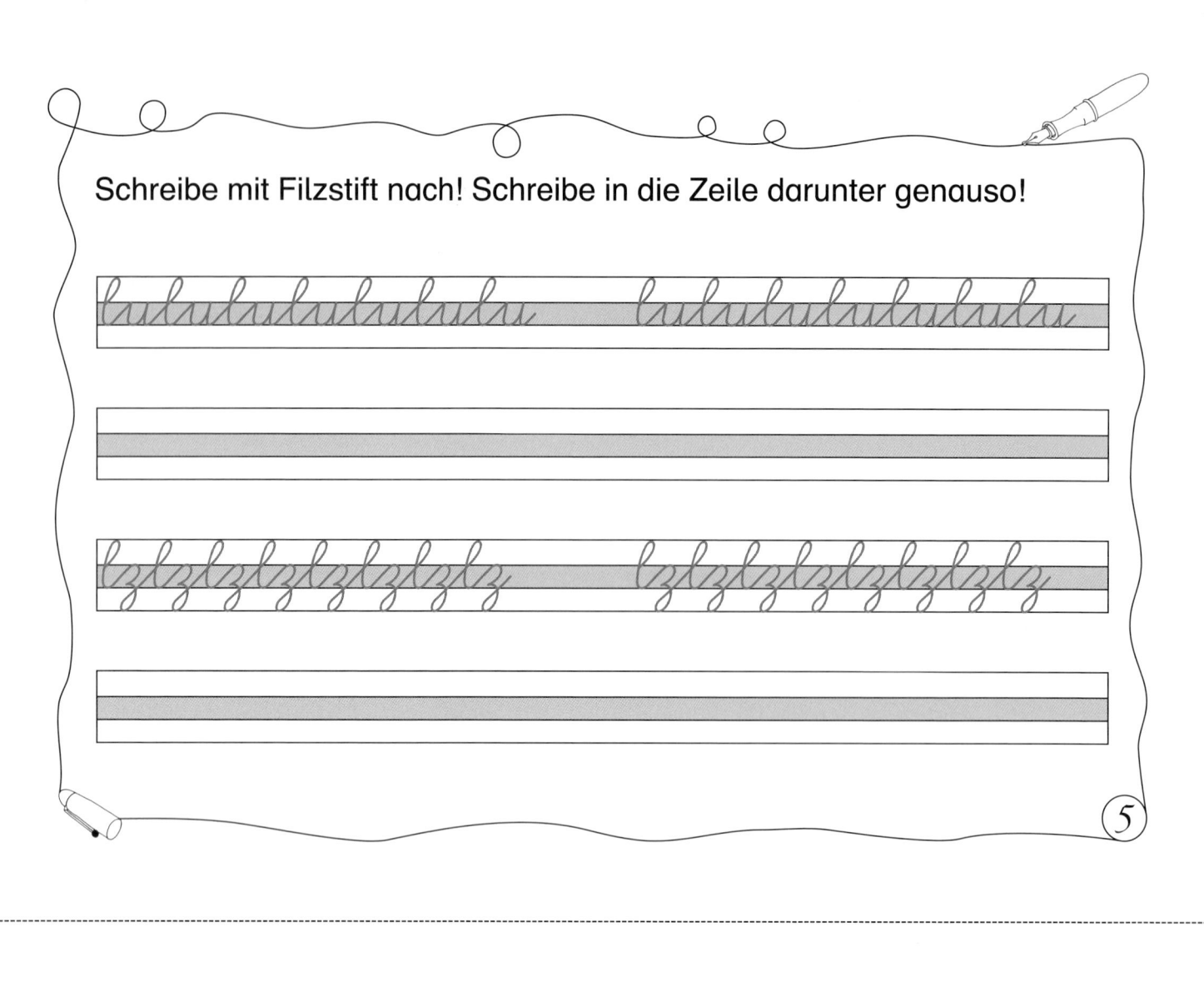

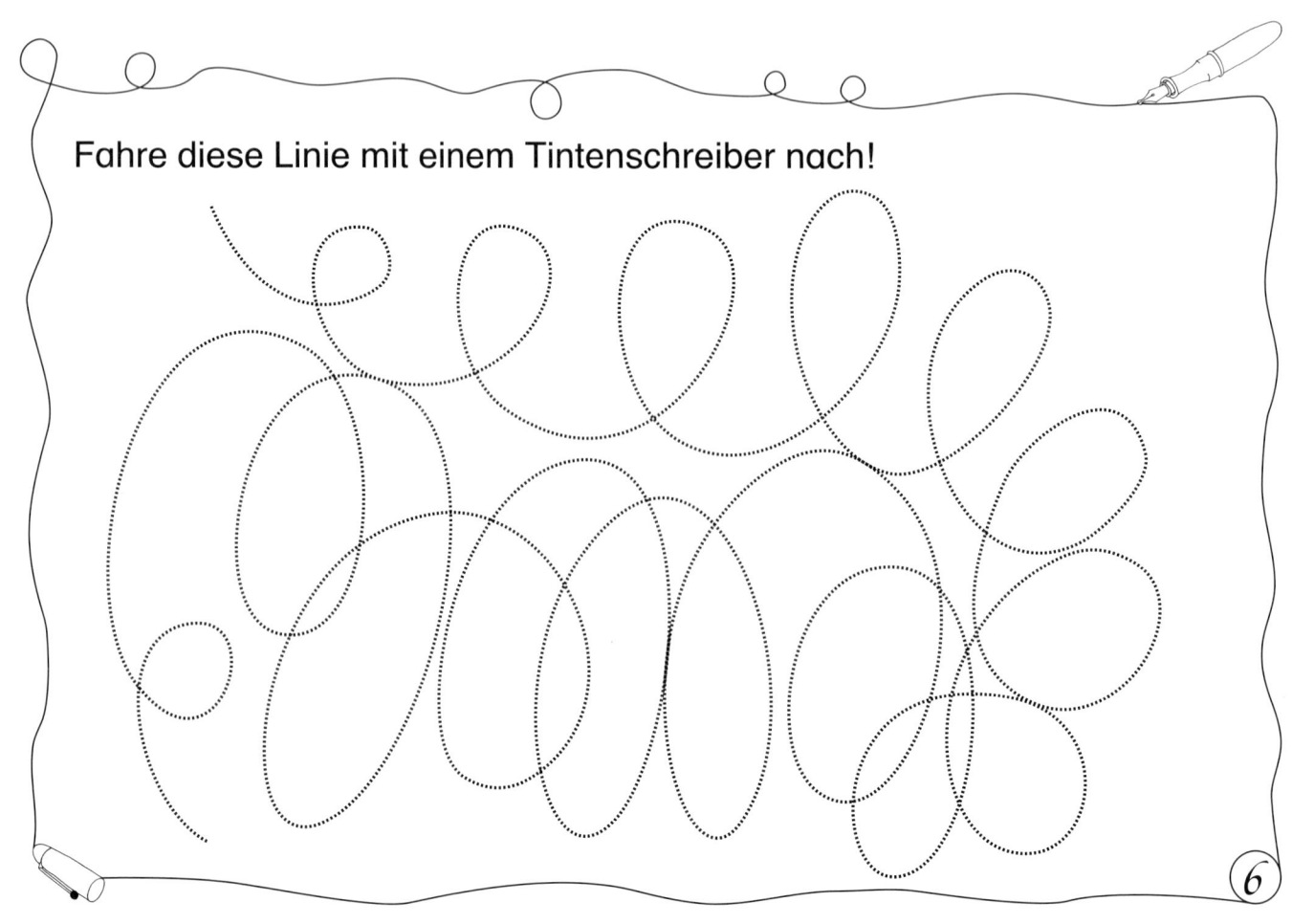

Schreibe mit Filzstift nach! Schreibe in die Zeile darunter genauso!

Fahre diese Linie mit einem Tintenschreiber nach!

Fahre diese Linie mit einem Tintenschreiber nach!

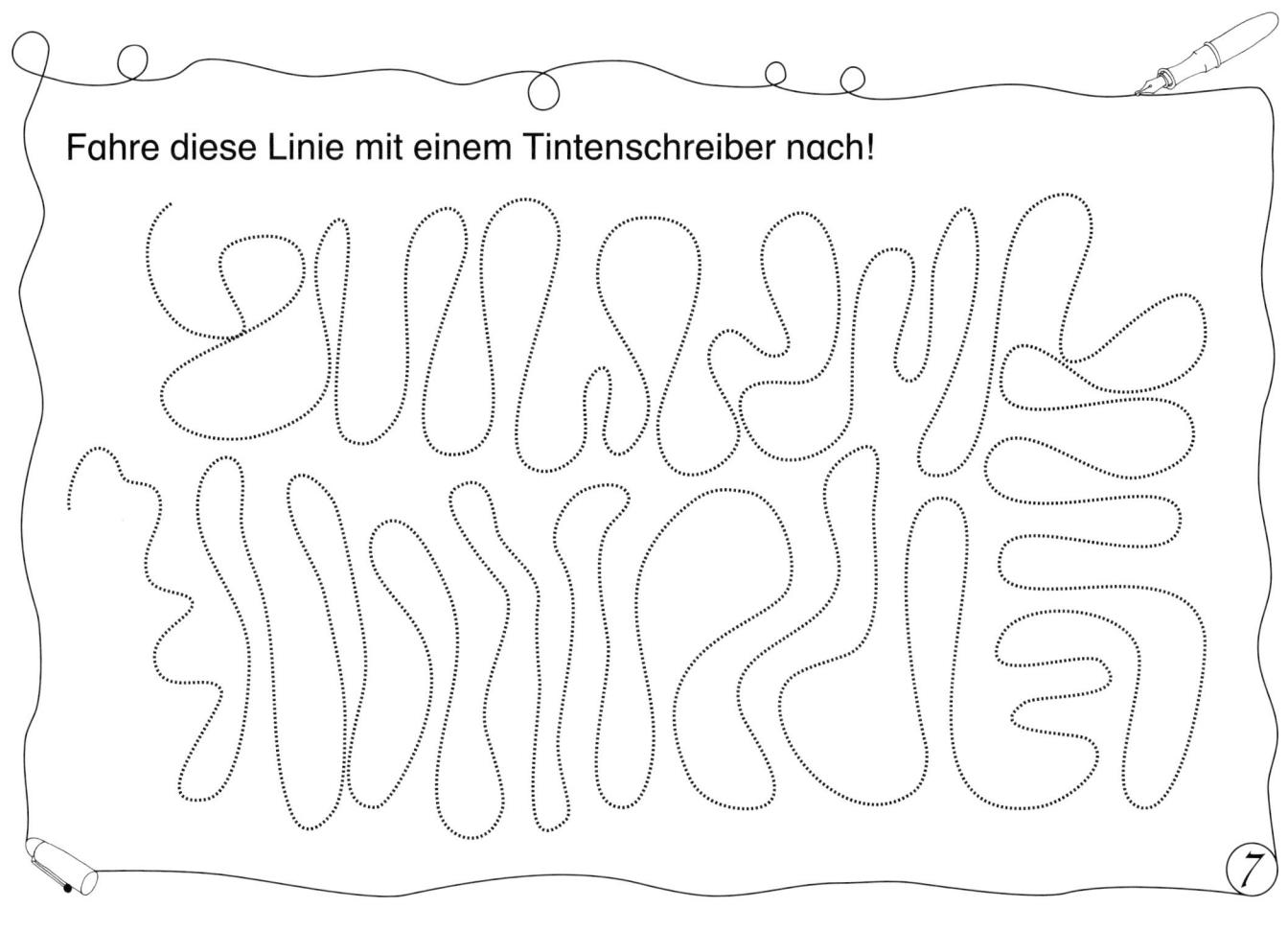

Fahre die Zeichen mit Tintenschreiber nach und male genauso weiter!

Fahre die Zeichen mit Tintenschreiber nach und male genauso weiter!

Schreibe mit Tintenschreiber nach! Schreibe in die Zeile darunter genauso!

Zeichne den Löwen mit Bleistift nach!

11

Zeichne den Drachen mit Kugelschreiber nach!

12

Zeichne das Bild mit Tintenschreiber nach!

Schreibe diesen Text mit Tintenschreiber in die Zeilen!

*Der große und der kleine Bär spaziern im Walde hin und her.
Da macht es trab und macht es tab. So klingt das ungefähr.*

Sie kommen an ein kleines Haus, das sieht schon sehr verfallen aus.
Der Große klopft, der Kleine klopft. Wer kommt jetzt wohl heraus?

Heraus kommt eine alte Hex, die Uhr zeigt grade auf halb sechs.
Sie haben riesengroße Angst und rennen durchs Gewächs.

Und später dann im Mondenschein, da schlafen beide friedlich ein.
Der Große schnarcht, der Kleine schnarcht, sie sägen alles klein.

**Schreibe mit Bleistift deinen Namen so oft in eine Zeile, bis sie voll ist!
Schaffst du auch die kleinste Zeile?**

Schreibe mit Kugelschreiber andere Namen so oft in die Zeilen, bis sie voll sind!

Jetzt kommt die Generalprobe. Auf den beiden nächsten Seiten kannst du den Füller ausprobieren.
Hier sollst du wieder nachfahren und dann weiterschreiben!

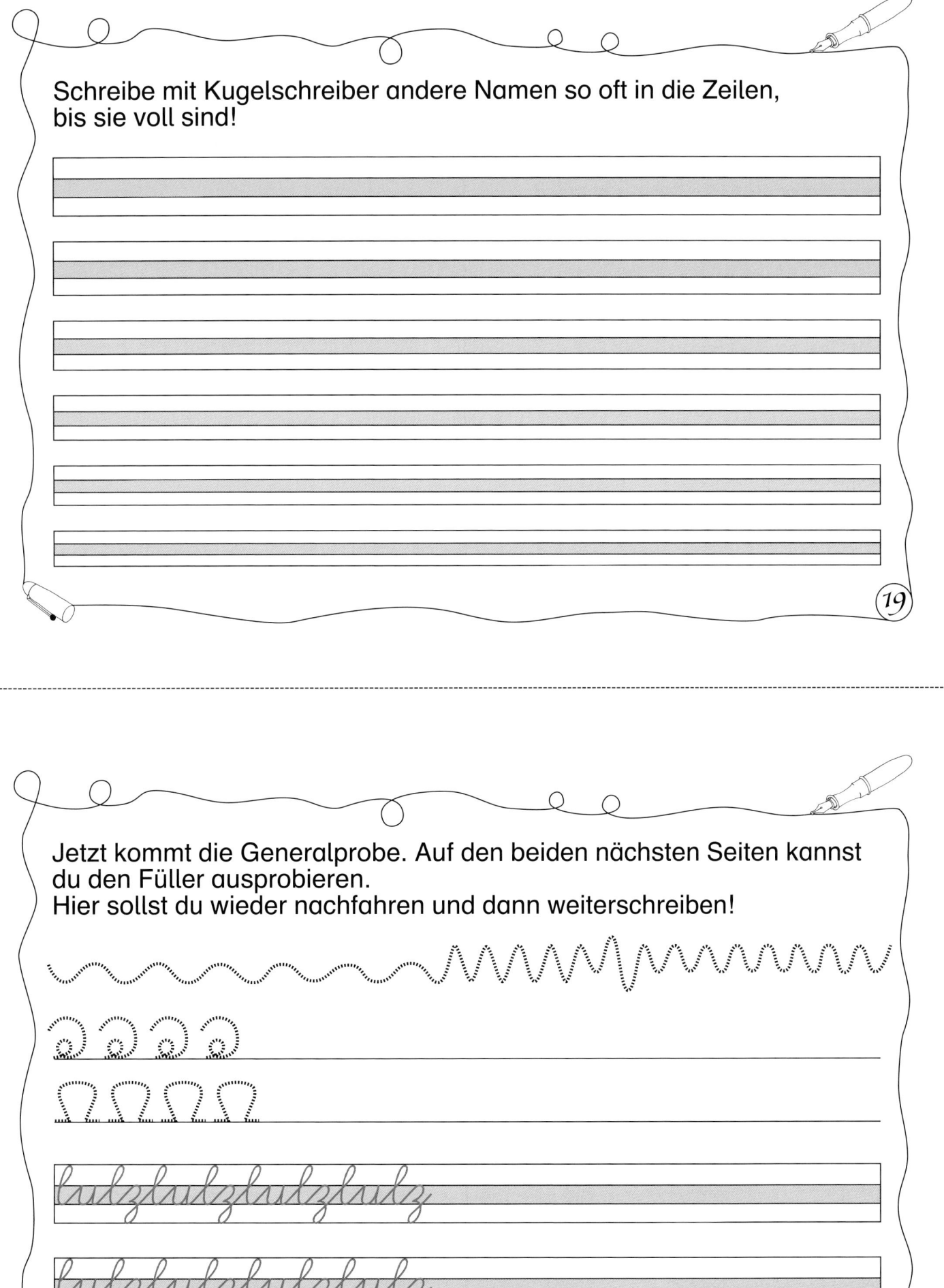

Meine Brille heißt Sybille, liegt nicht gerne in der Hülle.

Denke dir selbst aus, was du hier mit Füller schreiben willst.
Alle Zeilen sollen voll werden.

Bevor deine Prüfung beginnt, kannst du auf dieser Seite mit deinem Füller schreiben, zeichnen und ausprobieren, was du möchtest.

**Das ist deine Führerscheinprüfung: Benutze den Füller!
Zeichne das Bild nach und schreibe den Text ab.
Es sollte alles in die Zeilen passen.**

*Sitzt mir mitten im Gesicht, ohne Brille seh ich nicht,
nicht im Dunkeln, nicht im Licht.*

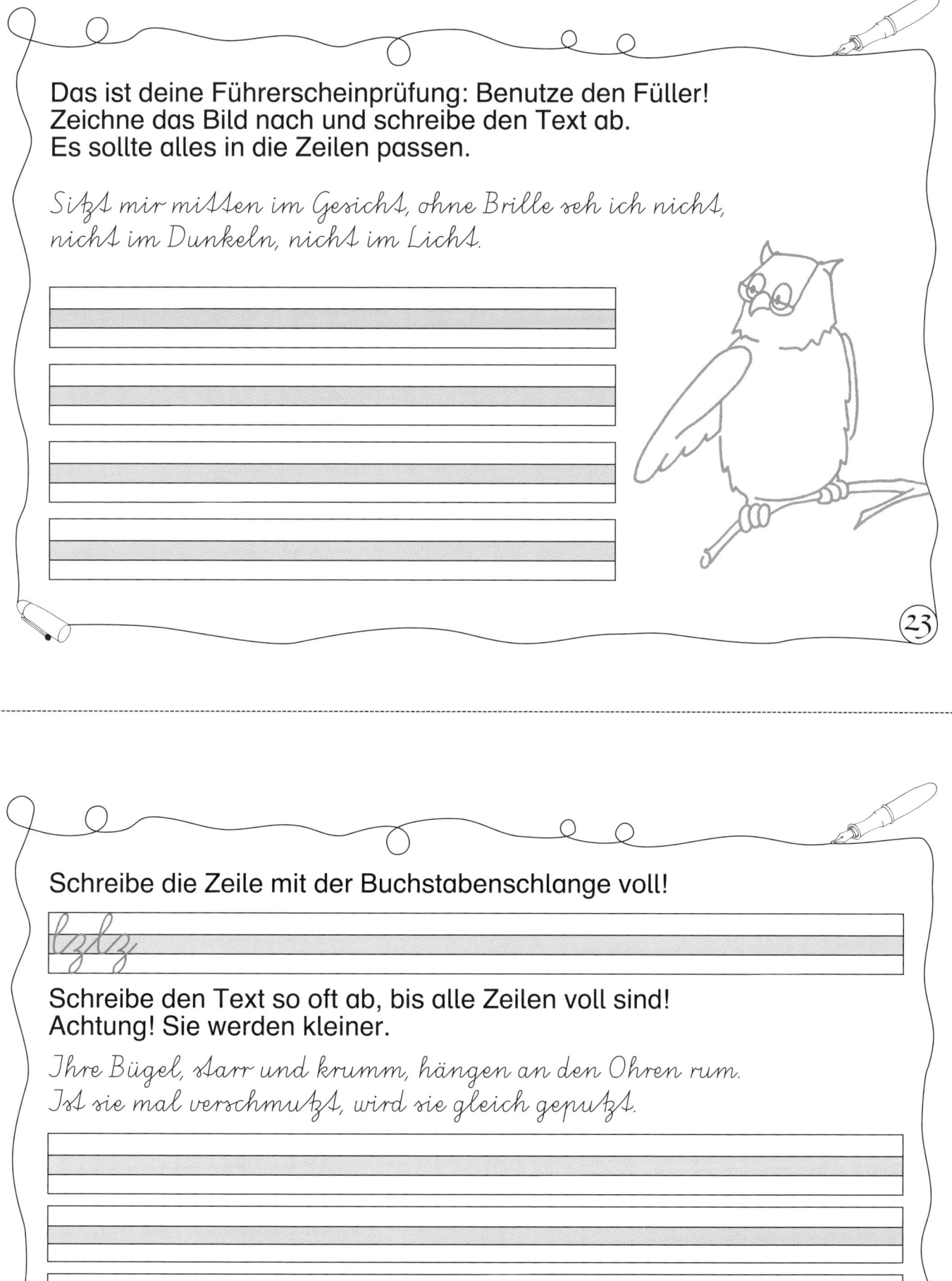

Schreibe die Zeile mit der Buchstabenschlange voll!

lzlz

**Schreibe den Text so oft ab, bis alle Zeilen voll sind!
Achtung! Sie werden kleiner.**

*Ihre Bügel, starr und krumm, hängen an den Ohren rum.
Ist sie mal verschmutzt, wird sie gleich geputzt.*

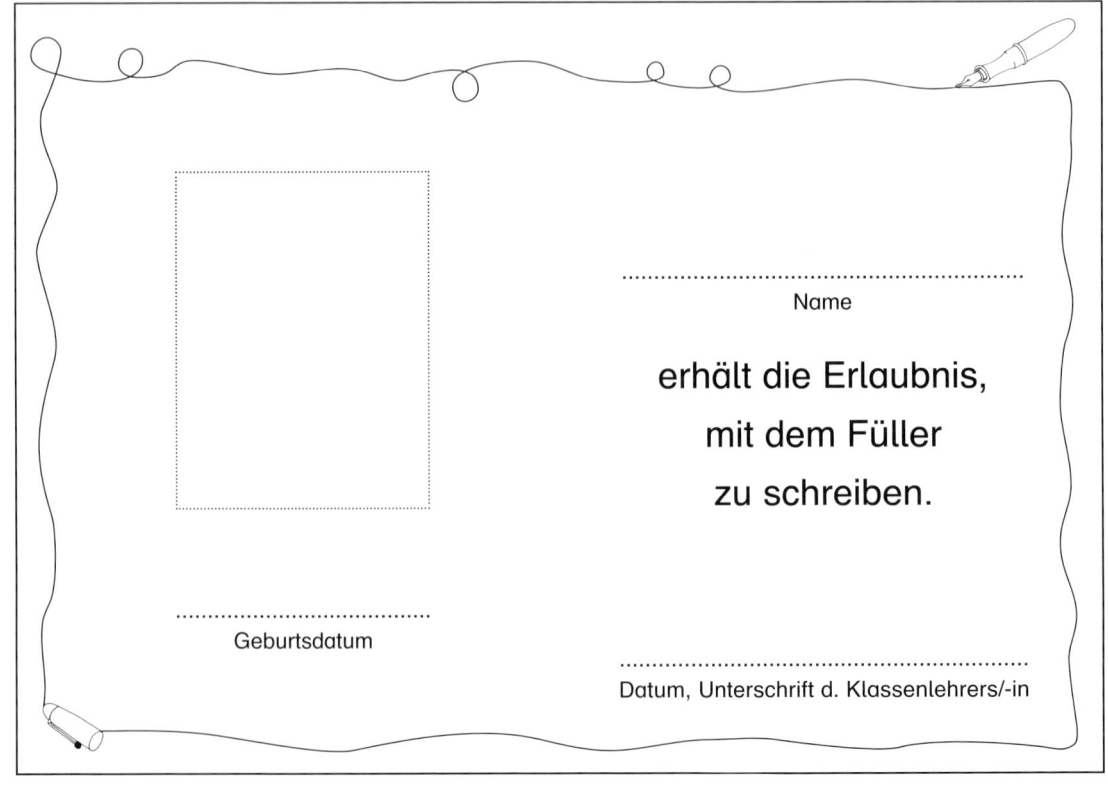

Spaß am Lesen und Schreiben!

Bergedorfer® Aktuelle und praxisnahe Kopiervorlagen

Katharina Müller-Wagner/
Katja Hönisch-Krieg/Beate Bosse

Buchstabenwerkstatt

☐ **Grundband**
156 Seiten, DIN A4, kartoniert
Best.-Nr. **3840**

☐ **Materialband 1**
130 Seiten, DIN A4, kartoniert
Best.-Nr. **3841**

☐ **Materialband 2**
130 Seiten, DIN A4, kartoniert
Best.-Nr. **3842**

☐ **Materialband 3**
148 Seiten, DIN A4, kartoniert
Best.-Nr. **3843**

Ein wahres Vergnügen für kleine Abc-Schützen! Der Lehrgang besteht aus dem **Grundband** mit speziell entwickelter Anlauttabelle, Geschichten und Arbeitsblättern zur Einführung aller Buchstaben sowie drei Materialbänden. Sie beinhalten weiterführendes **Arbeits- und Übungsmaterial für jeden Buchstaben** zur systematischen Festigung des Lernstoffs. Selbsttätigkeit und Handlungsorientierung werden hierbei groß geschrieben!

Elke Mauritius

Das Lese- und Schreibschrift-Training

Abwechslungsreiche Aufgaben für den Deutschunterricht

Arbeitshefte, je 56 Seiten, DIN A4
Ab 2. Schuljahr

☐ **Vereinfachte Ausgangsschrift**
Best.-Nr. **3711**

☐ **Lateinische Ausgangsschrift**
Best.-Nr. **3712**

☐ **Schulausgangsschrift**
Best.-Nr. **3713**

Ärger mit der Schrift? Stockendes Lesen? Und kein Durchblick in der Wörterliste? Solchen Problemen setzen Sie mit diesem Arbeitsheft ein Ende! Sobald die Kinder alle Buchstaben lesen und schreiben können, kommt das Trainingsheft zum Einsatz. Auf jeder Doppelseite wird das gleiche Wortmaterial in unterschiedlichen Textzusammenhängen vielfältig wiederholt. So sind intensives Lesenüben, Texterschließung und Schreibschrifttraining sinnvoll miteinander verknüpft. Sich wiederholende Aufgabenformen ermöglichen ein selbstständiges Arbeiten der Schüler. Übungen zum Umgang mit der Wörterliste, die jedem Heft beiliegt, machen das Angebot komplett.
Flüssiges Lesen und Schreiben leicht gemacht!

Heiner Müller

Rechtschreibblätter mit Selbstkontrolle

1.–4. Schuljahr

Je 53 Kopiervorlagen, DIN A4

☐ **1. Schuljahr** ☐ **2. Schuljahr**
Best.-Nr. **2062** Best.-Nr. **2063**

☐ **3. Schuljahr** ☐ **3. Schuljahr**
Best.-Nr. **2064** Best.-Nr. **2065**

Rechtschreibunterricht muss nicht langweilig und lehrerzentriert sein! Diese Blätter lassen den Kindern viel Freiraum, um im eigenen Tempo handlungsorientiert und spielerisch zu lernen. Mit vielen abwechslungsreichen Übungen zum Grundwortschatz und mit Selbstkontrollmöglichkeiten. Optimal für Freiarbeit, Hausaufgabe oder zur Differenzierung.

BESTELLCOUPON

Ja, bitte senden Sie mir/uns mit Rechnung

___ Expl. _____ Best.-Nr. _____

___ Expl. _____ Best.-Nr. _____

___ Expl. _____ Best.-Nr. _____

___ Expl. _____ Best.-Nr. _____

☐ Ja, bitte schicken Sie mir kostenlos Ihren aktuellen Gesamtkatalog zu.

Meine Anschrift lautet:

Name/Vorname

Straße

PLZ/Ort

Telefon (für eventuelle Rückfragen)

E-Mail

Schultyp

Fächer

Datum/Unterschrift

Bestellcoupon bitte kopieren und einsenden an:
**Persen Verlag GmbH
Postfach 1656
D-21606 Buxtehude**

Oder bestellen Sie bequem direkt bei uns!
**Tel.: 0 41 61 / 7 49 60-40
Fax: 0 41 61 / 7 49 60-50
www.persen.de**

Die Bestelldaten werden für eigene Zwecke unter Beachtung der einschlägigen Datenschutzgesetze gespeichert.
Mit der Angabe meiner E-Mail-Adresse erteile ich die jederzeit widerrufliche Zustimmung zum Erhalt von Informationen per E-Mail.

Schreiblehrgänge in allen Schulschriften

Lateinische Ausgangsschrift: „H"

Schulausgangsschrift: „A"

Ursula Lassert

Schreiblehrgänge – in allen Schulschreibschriften

58, 51 bzw. 52 Kopiervorlagen, DIN A4

■ **Lateinische Ausgangsschrift**
Best.-Nr. **2071**

■ **Vereinfachte Ausgangsschrift**
Best.-Nr. **2072**

■ **Schulausgangsschrift**
Best.-Nr. **2246**

Schreiben lernen leicht gemacht! Die Blätter dieser Mappen sind hervorragend geeignet für den Erst-Schreibunterricht, aber auch zum Schönschreiben im 1. und 2. Schuljahr. Geübt werden Wörter, die fast alle in den Grundwortschaftslisten der Lehrpläne für die Grundschule aufgeführt sind. Die Schüler/-innen beschäftigen sich mit Hilfe von Suchbildern auf spielerische Art mit Laut-Buchstabenverbindungen. Auf vorgegebenen Schreiblinien mit enger werdendem Abstand können die Kinder selbstständig das Schreiben der Buchstaben üben.

Jana Steinmaier

Jetzt kann ich die VA!

Übungen systematisch und differenziert
80 Seiten, DIN A4, kartoniert
Best.-Nr. **3839**

Motiviertes Schreibschriftüben!
Anhand ästhetisch schön gestalteter Seiten mit frischen, differenzierten Texten entwickeln die Schüler/-innen eine gut lesbare und flüssige Schrift. Auf jeder Seite werden **zusätzliche Übungen für schnelle Kinder** angeboten. Sie lernen darüber hinaus schriftliche Arbeiten zu gestalten, z. B. Einladungen zu schreiben, Aufkleber und Briefumschläge zu beschriften, mit Schrift zu gestalten, Texte zu verbessern u. v. m.

Inge Bartelt

Wir schreiben das Abc – Druckschrift

Arbeitsblätter für kleine Abc-Schützen

Mappe mit Kopiervorlagen,
52 Seiten, DIN A4   Best.-Nr. **2632**

„Timo schießt ein Tor! Das kommt so oft nicht vor." – Mit diesem Vers merken sich Ihre Kinder den Buchstaben „o" besonders gut. Zu jedem Buchstaben und vielen Buchstabenkombinationen enthält diese Mappe jeweils ein Arbeitsblatt mit einem Vers, Schreibübungen und zusätzlichen Aufgaben. Die Kinder können Reimwörter suchen und lernen neue Begriffe. Das optimale Zusatzmaterial zum Druckschriftlehrgang und zur gezielten Wiederholung.
So fällt das Schreibenlernen leicht!

Bergedorfer® Kopiervorlagen und Unterrichtsideen

BESTELLCOUPON

Ja, bitte senden Sie mir/uns mit Rechnung

___ Expl. _____ Best.-Nr. _____

___ Expl. _____ Best.-Nr. _____

___ Expl. _____ Best.-Nr. _____

___ Expl. _____ Best.-Nr. _____

☐ Ja, bitte schicken Sie mir kostenlos Ihren aktuellen Gesamtkatalog zu.

Meine Anschrift lautet:

Name/Vorname

Straße

PLZ/Ort

Telefon (für eventuelle Rückfragen)

E-Mail

Schultyp

Fächer

Datum/Unterschrift

Die Bestelldaten werden für eigene Zwecke unter Beachtung der einschlägigen Datenschutzgesetze gespeichert.
Mit der Angabe meiner E-Mail-Adresse erteile ich die jederzeit widerrufliche Zustimmung zum Erhalt von Informationen per E-Mail.

Bestellcoupon bitte kopieren und einsenden an:	Oder bestellen Sie bequem direkt bei uns!
Persen Verlag GmbH **Postfach 1656** **D-21606 Buxtehude**	**Tel.: 0 41 61 / 7 49 60-40** **Fax: 0 41 61 / 7 49 60-50** **www.persen.de**

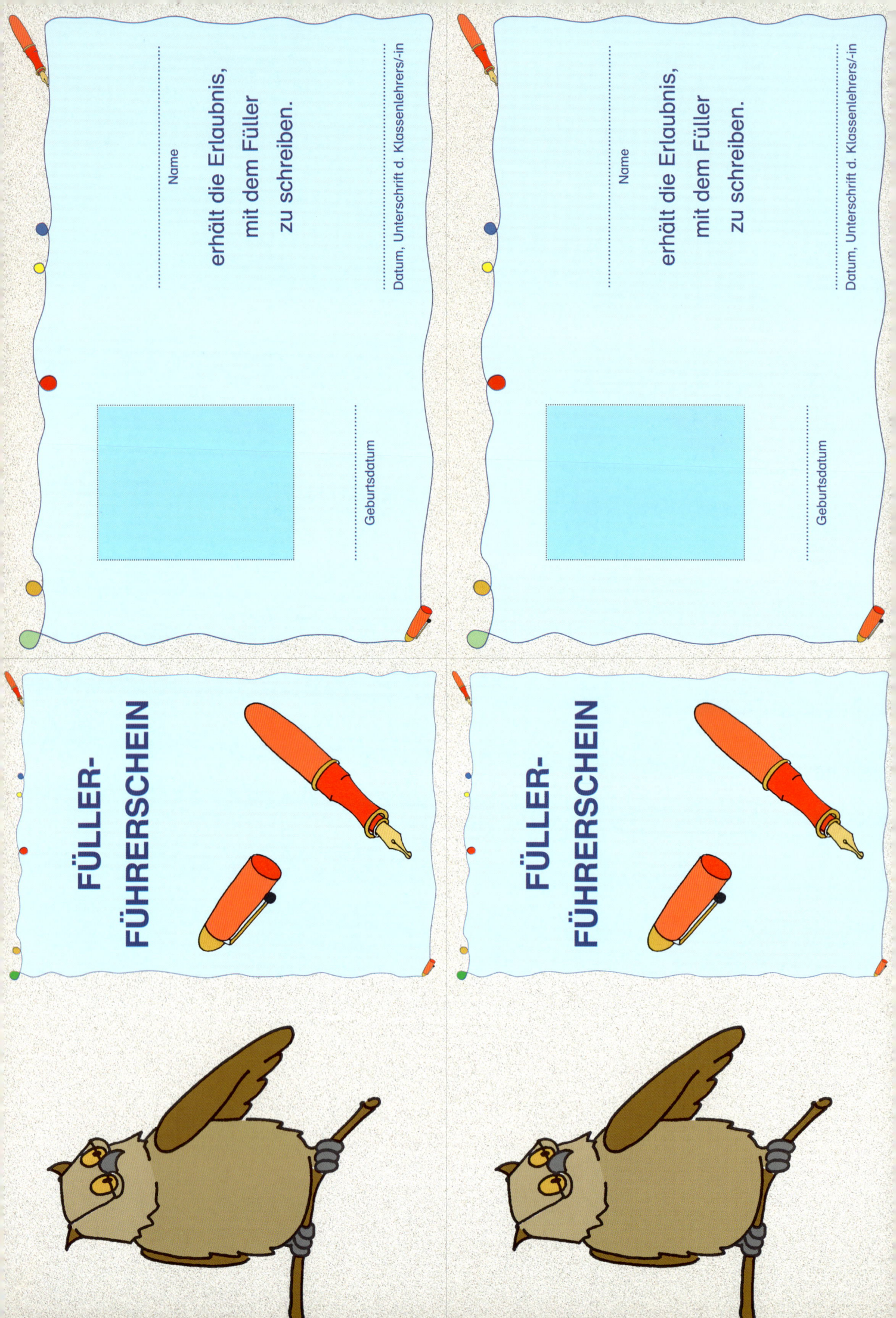

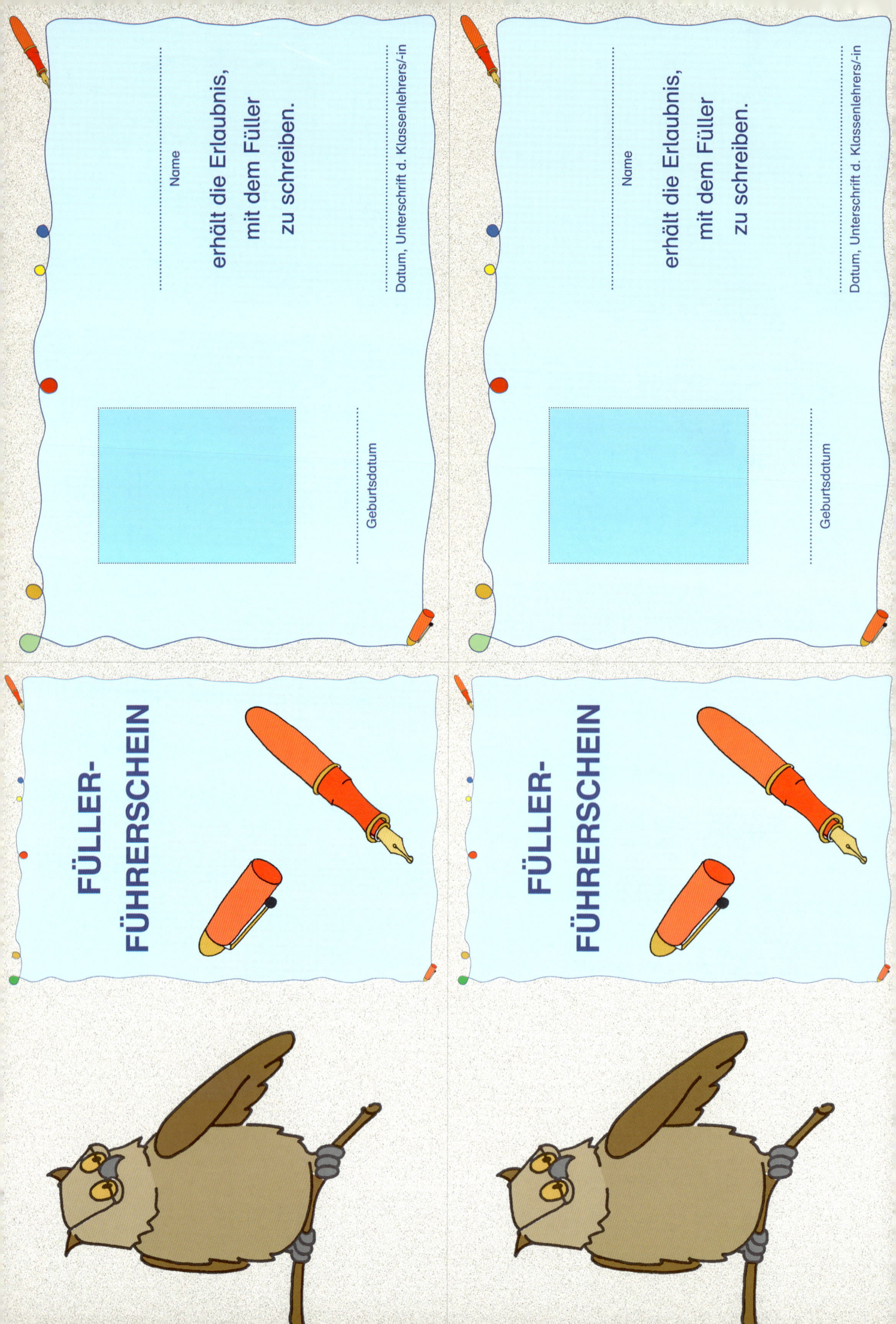

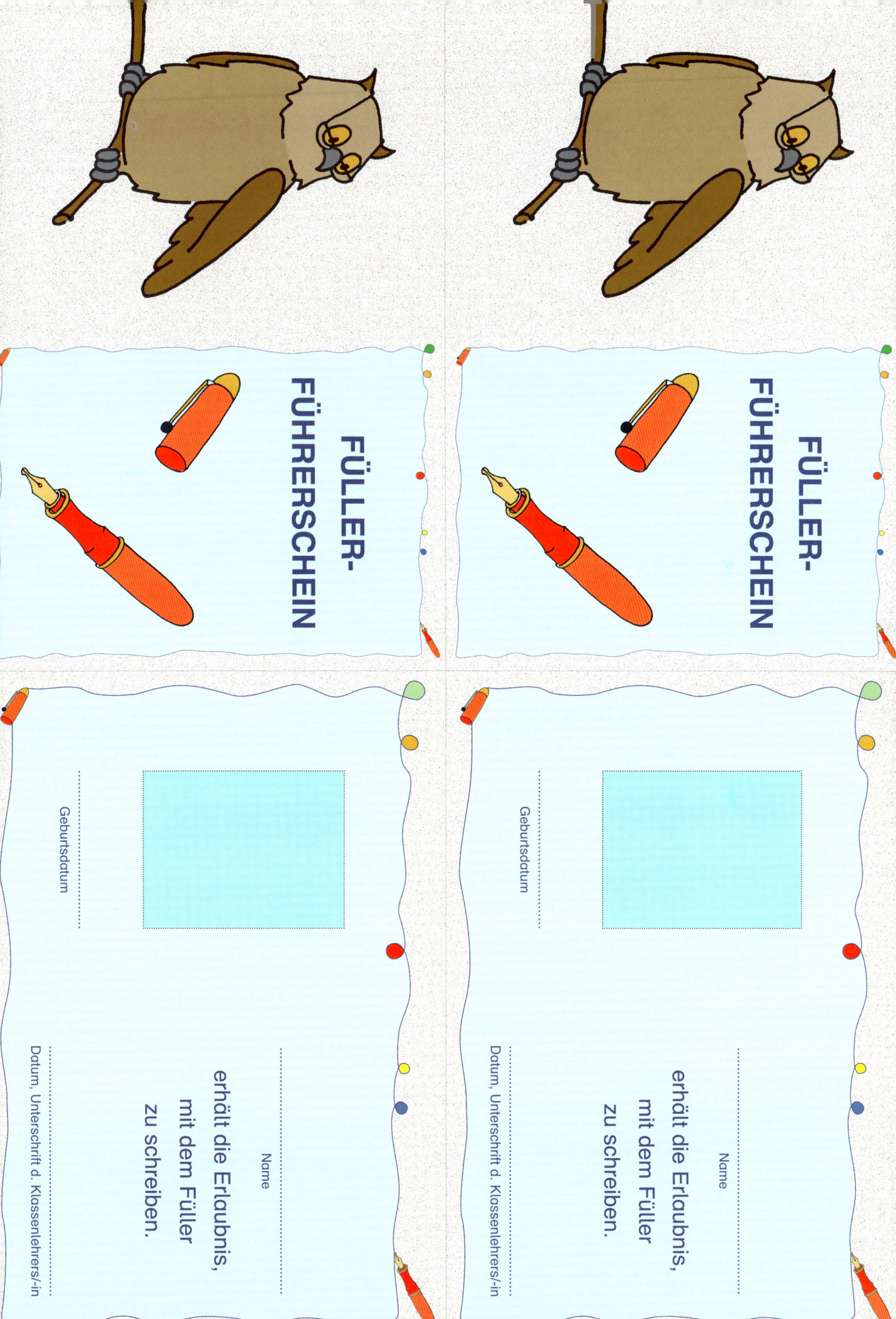

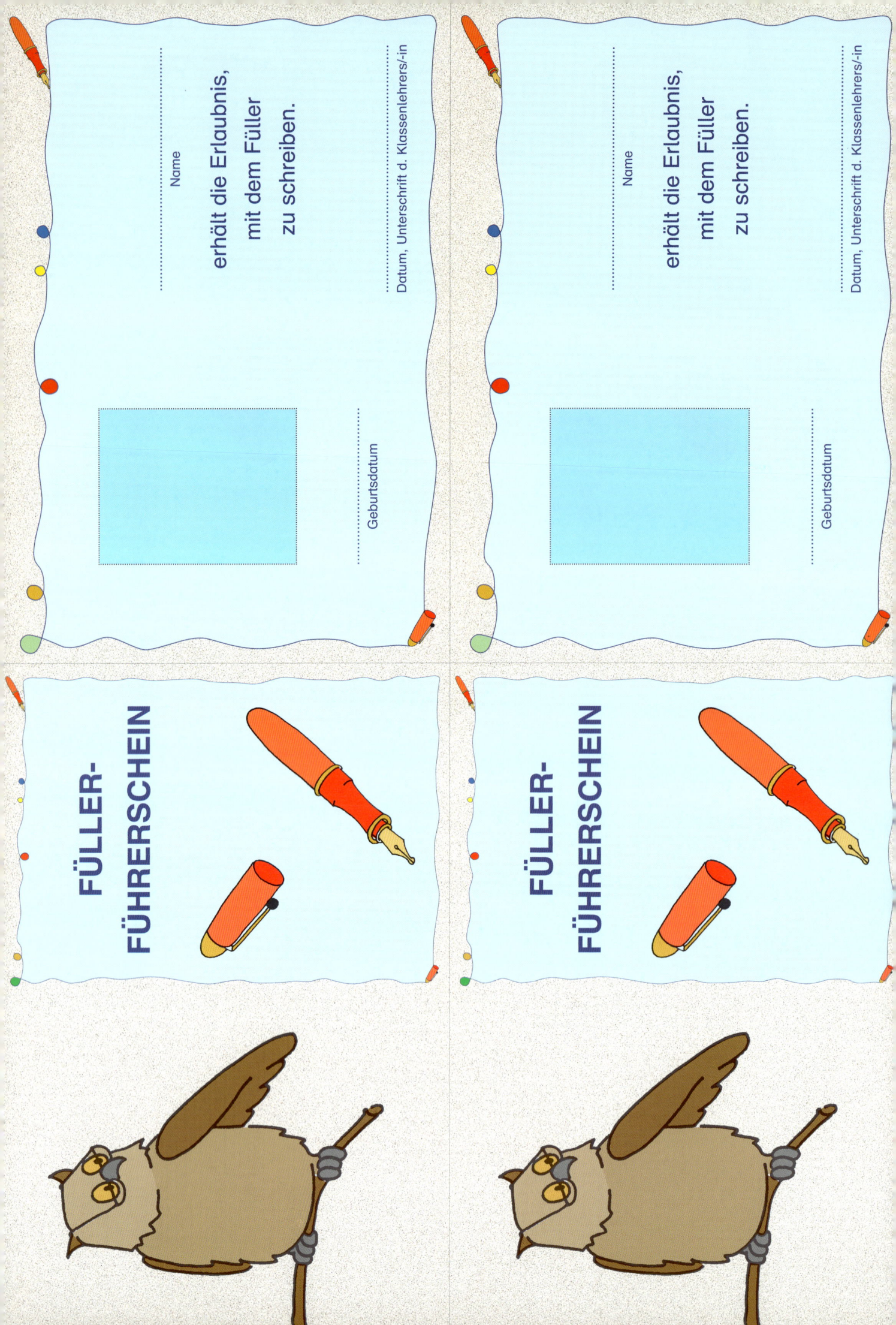

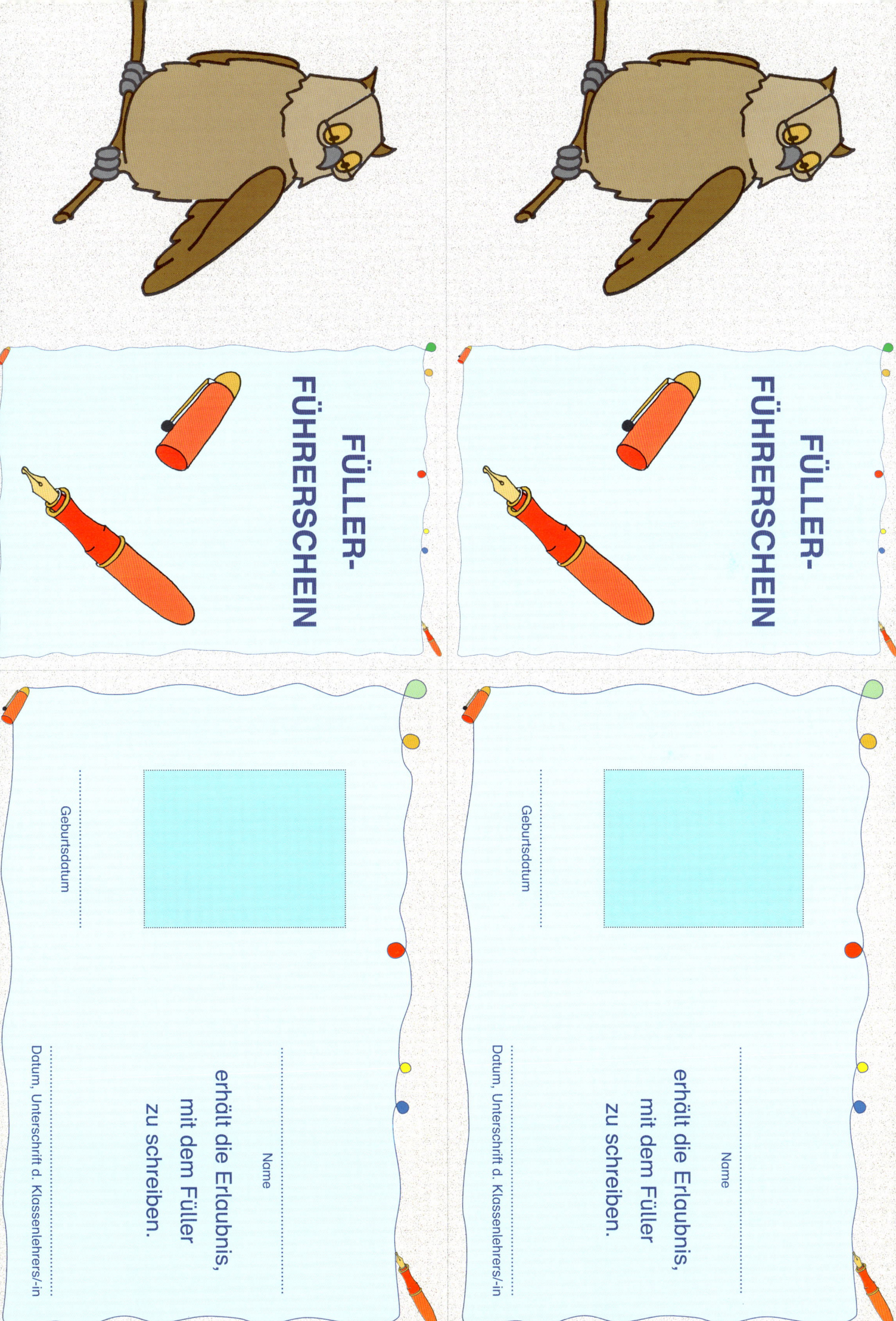

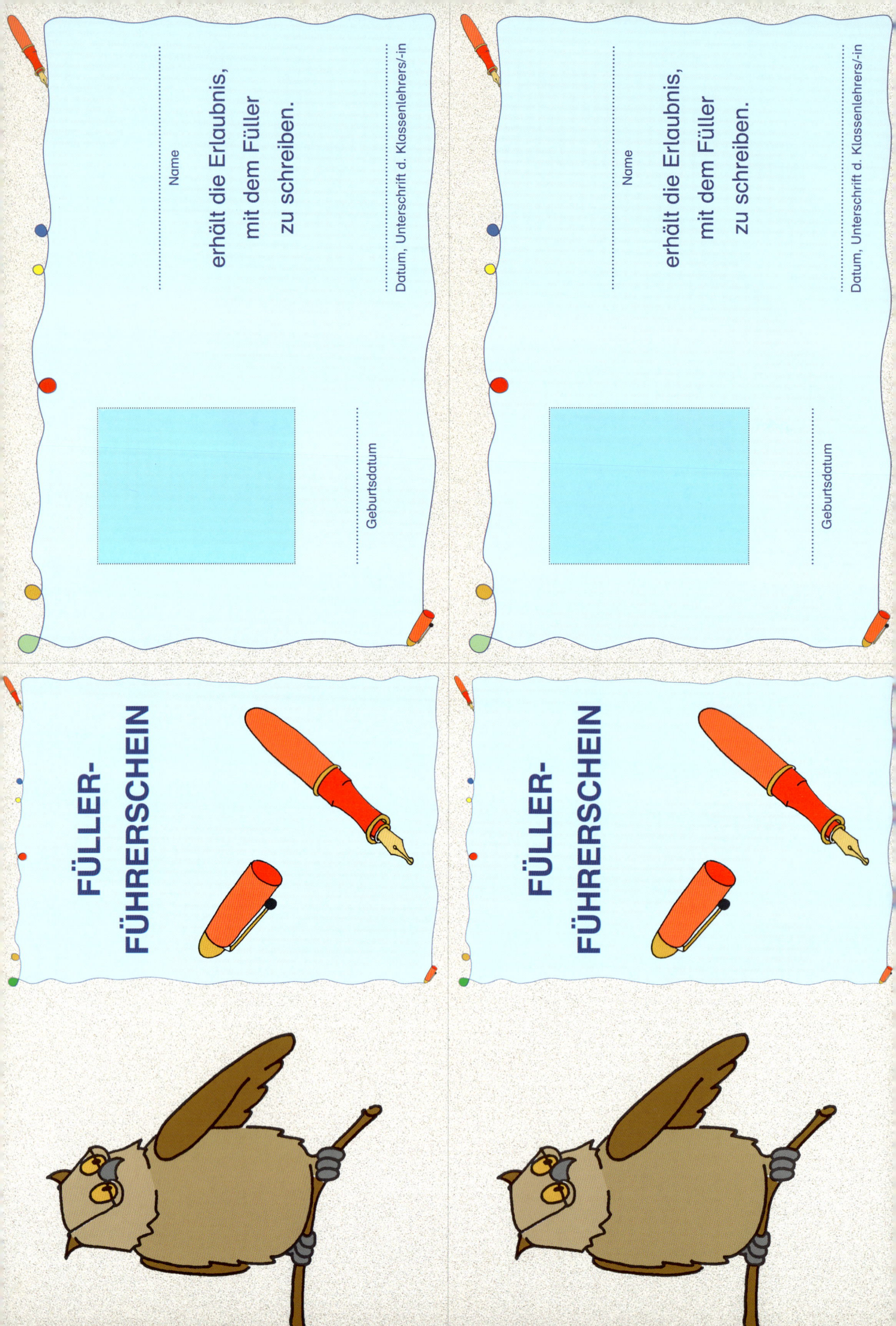

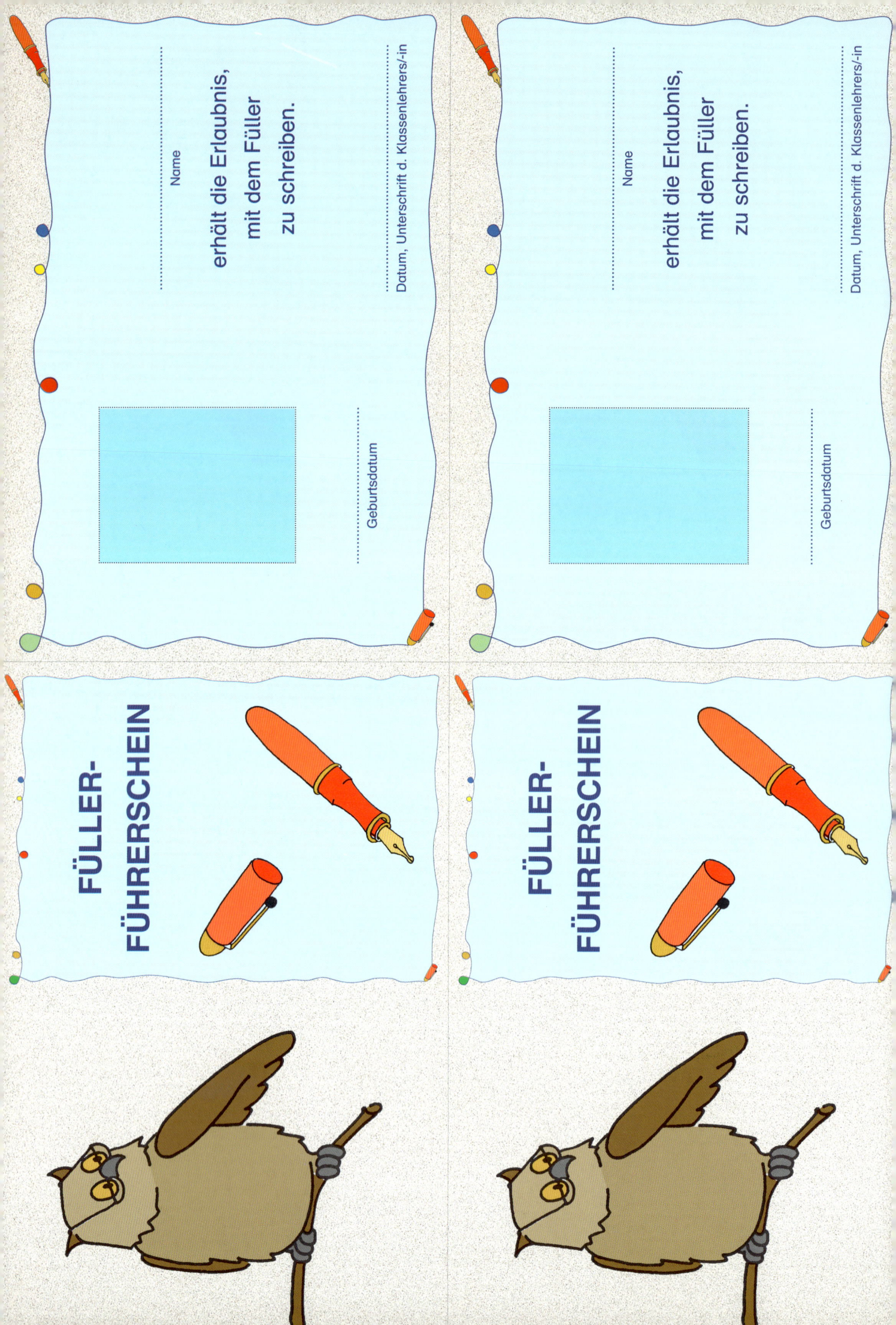

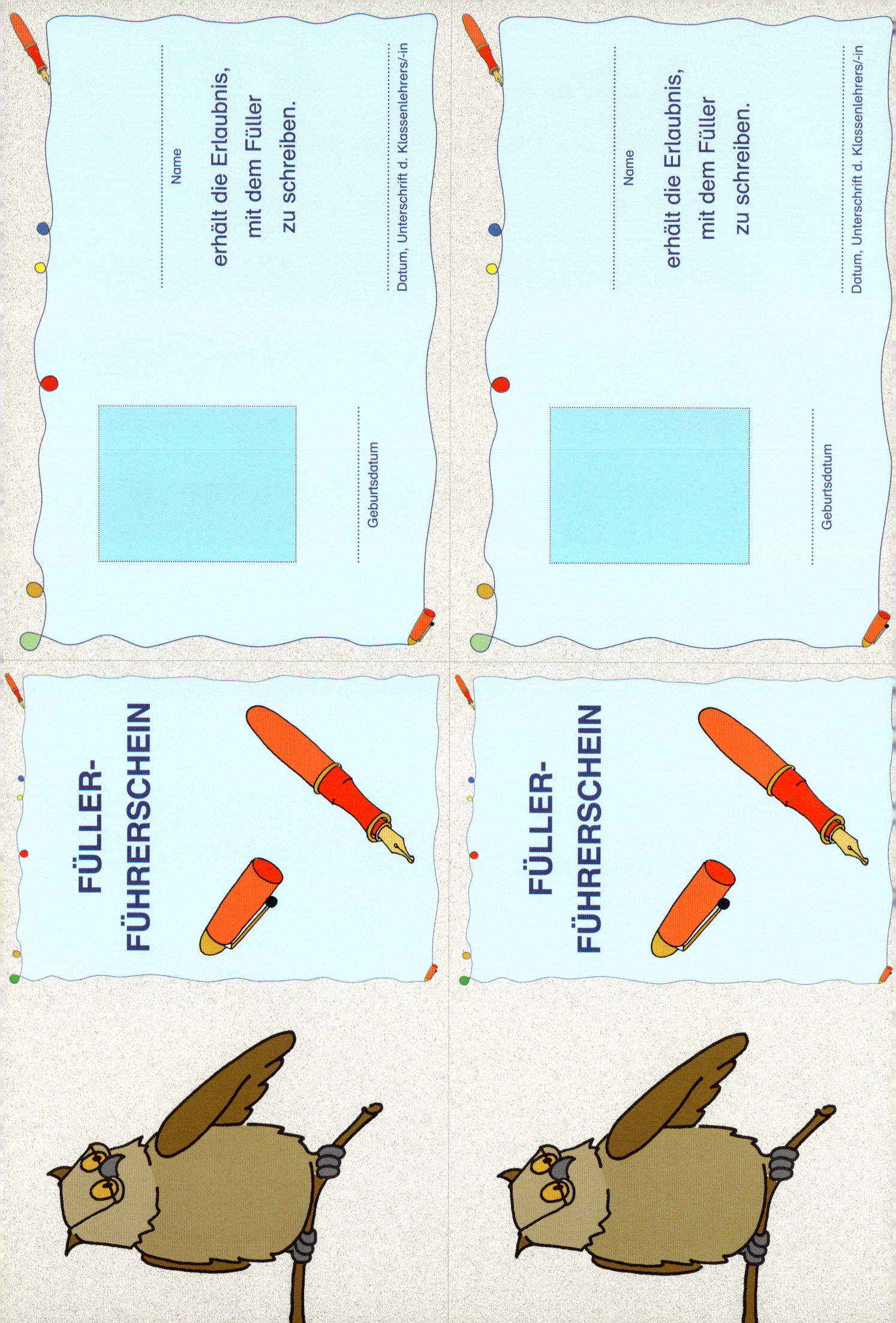

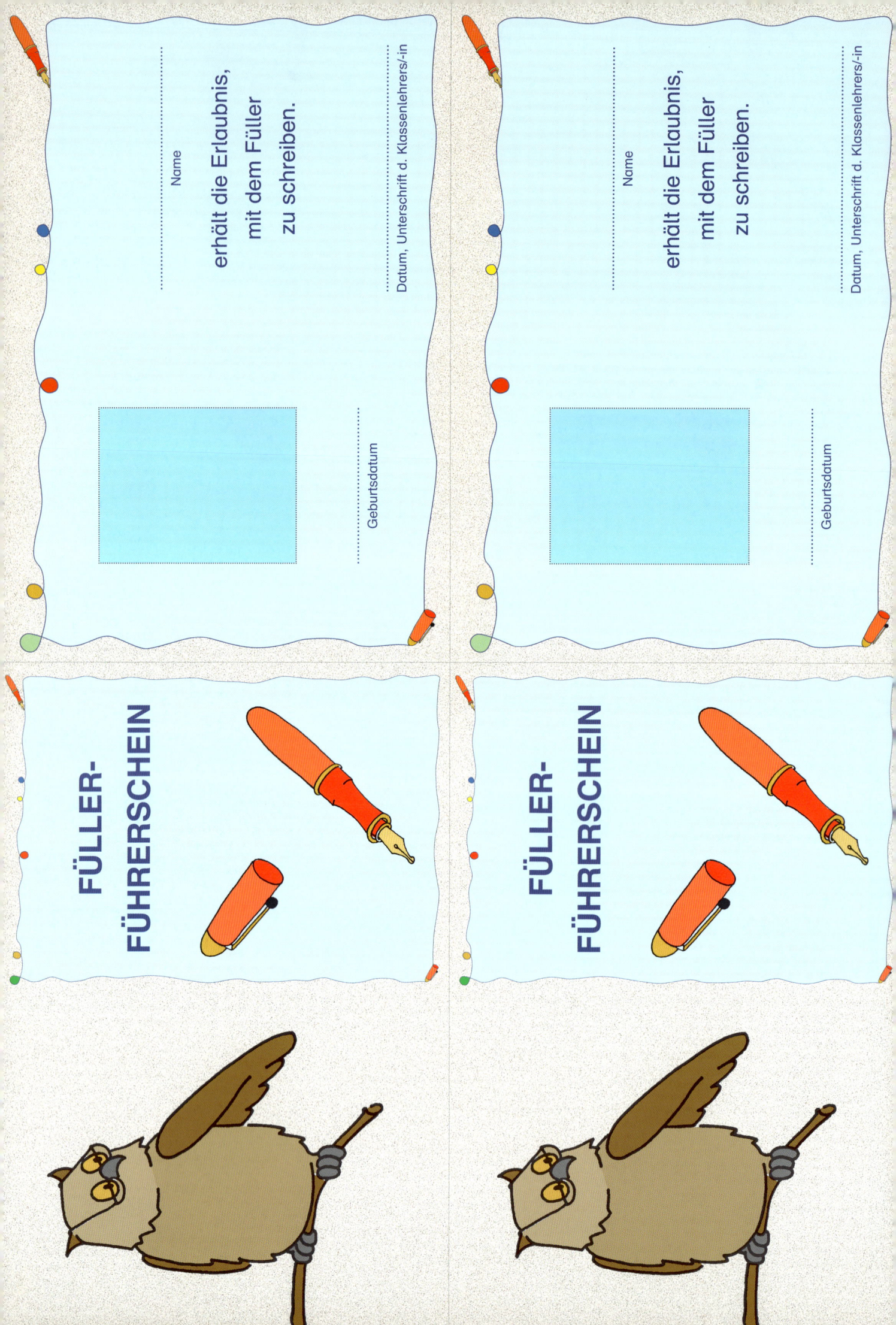

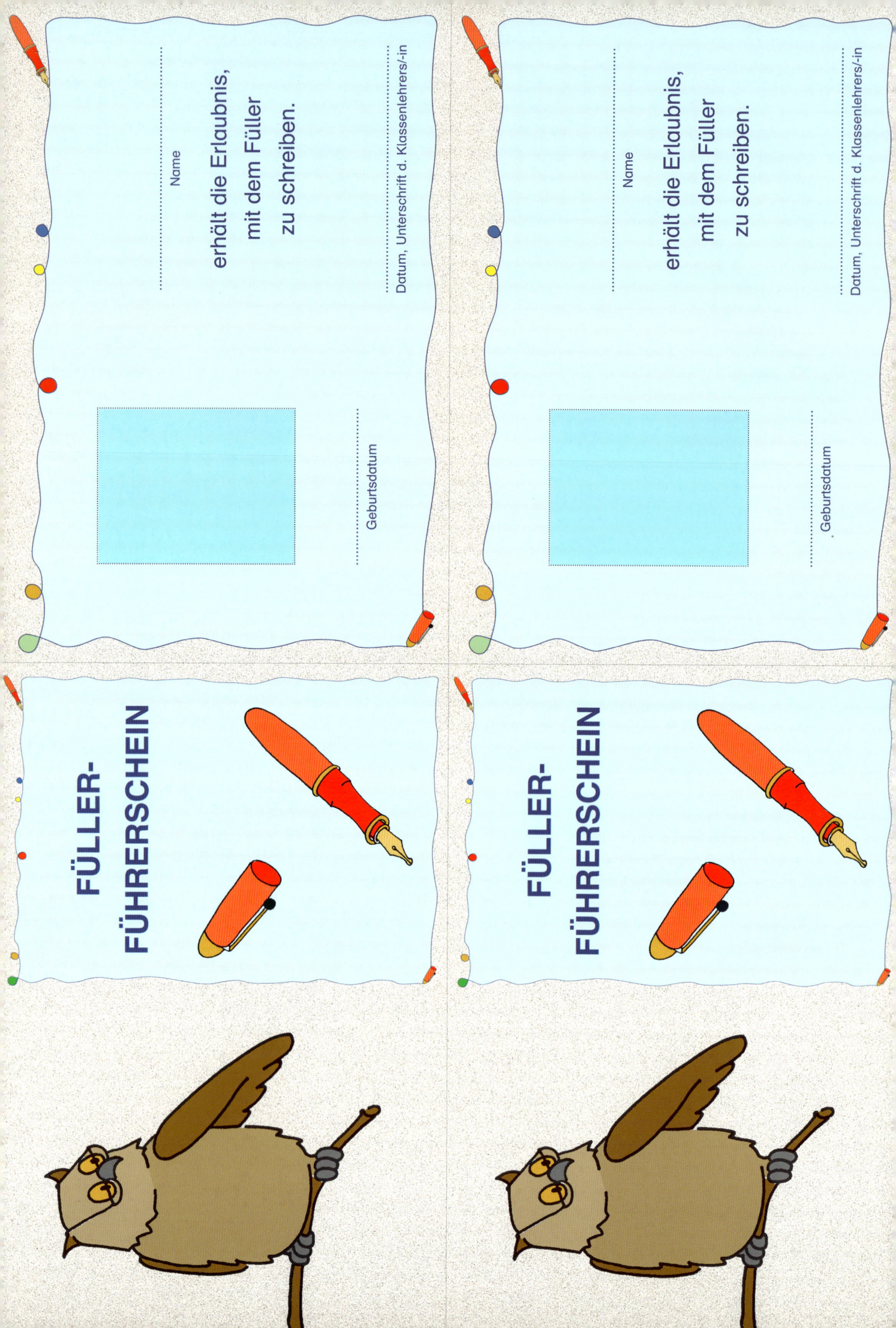